AF495279

T50
120

ENCORE

LE FRIOUL

DISCOURS

PRONONCÉ A L'ACADÉMIE DE MÉDECINE LE 29 DÉCEMBRE 1903,

EN RÉPONSE A M. LE Dr JOSIAS,

PAR

HENRI MONOD,

CONSEILLER D'ÉTAT,

DIRECTEUR DE L'ASSISTANCE ET DE L'HYGIÈNE PUBLIQUES

MELUN

IMPRIMERIE ADMINISTRATIVE

MCMIV

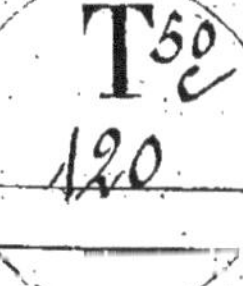

ENCORE
LE FRIOUL

DISCOURS

PRONONCÉ A L'ACADÉMIE DE MÉDECINE LE 29 DÉCEMBRE 1903,

EN RÉPONSE A M. LE Dr JOSIAS,

PAR

HENRI MONOD,

CONSEILLER D'ÉTAT,

DIRECTEUR DE L'ASSISTANCE ET DE L'HYGIÈNE PUBLIQUES

MELUN

IMPRIMERIE ADMINISTRATIVE

MCM IV

(MM. les Drs Teissier et Lortet ayant saisi de nouveau l'Académie de médecine de plaintes concernant le lazaret du Frioul, l'Académie crut devoir renvoyer l'examen de la question à sa commission d'hygiène. Au nom de cette commission M. le Dr Albert Josias présenta un rapport dont les conclusions étaient les suivantes :

La commission propose de déclarer d'urgence absolue :

1° que le lazaret du Frioul soit aménagé dans de meilleures conditions d'hygiène et de confort et comporte :

a) *une infirmerie avec chambres d'isolement.*

b) *un hôpital pour les malades atteints de maladies pestilentielles (peste, choléra, fièvre jaune, etc.) et établi avec toutes les ressources de la thérapeutique et de la prophylaxie modernes ;*

2° que les mesures imposées par le décret du 21 septembre 1903 concernant la désinfection des navires et la destruction des rats avant le déchargement à l'aide des procédés reconnus les plus pratiques et les plus efficaces soient rigoureusement appliquées.

M. Henri Monod, qui ne faisait pas partie de la commission et n'y avait pas été appelé, présenta à l'Académie, dans sa séance du 29 décembre 1903, les observations qui suivent).

Messieurs,

L'administration sanitaire n'a pas d'objections à élever contre les conclusions qui vous sont soumises. Elle ne saurait s'y opposer puisque ces conclusions viennent à l'appui de propositions qu'elle présente elle-même depuis un grand nombre d'années. La création d'une infirmerie au Frioul, l'amélioration, ou même la reconstruction de l'hôpital Ratonœau, font, ainsi que beaucoup d'autres réformes, partie intégrante d'un projet d'ensemble qui a été préparé avec l'assentiment du Comité consultatif d'hygiène publique de France. L'administration ne peut qu'être reconnaissante à l'Académie si celle-ci veut bien à son tour donner à ce projet son appui : ce sera une force de plus pour en obtenir la réalisation.

Aussi bien — et c'est surtout pour en donner la nouvelle à l'Académie que je prends la parole — tout fait espérer que nous allons recevoir à ce sujet une satisfaction prochaine.

J'avais d'abord l'intention de discuter pied à pied le rapport, de faire ressortir les points sur lesquels je suis d'accord avec lui, ceux où il a exagéré les censures, ceux enfin où il me paraît s'être mépris. J'y renonce, d'abord parce que j'espère que la plupart de ses critiques vont être de l'histoire ancienne, ensuite parce qu'il me faudrait entrer dans des détails administratifs qui seraient fastitieux pour l'Académie, enfin parce que l'expérience m'a prouvé que les rectifications les plus décisives sont sans effet contre une assertion qui a été suffisamment répétée.

En voulez-vous un exemple dans cette affaire même ? Il y a deux ans, l'on s'était plaint que les passagers du *Sénégal* n'eussent pu débarquer au Frioul que quarante-huit heures après leur arrivée dans le port. J'ai, à ce moment, montré en détail à l'Académie, avec documents authentiques à l'appui, que si le débarquement du *Sénégal* avait été retardé, c'est que la peste n'avait pas été reconnue; que, dès qu'elle l'a été, le débarquement a eu lieu ; que beaucoup de passagers insistaient pour n'être pas débarqués dans ces instalrlations incommodes du Frioul tant qu'il leur restait l'espoir de eprendre leur croisière. Ces arguments semblaient décisifs. S'ils ne l'étaient pas, au moins fallait-il prendre la peine de les réfuter. On a préféré les ignorer, et tout en reconnaissant que l'on ne peut procéder à l'évacuation d'un bâtiment que lorsque « la peste est reconnue » (1), on reproduit le grief que « les passagers ont dû séjourner quarante-huit heures sur un navire infecté » (2). La commission et le rapporteur semblent d'ailleurs avoir tout ignoré des observations que le regretté M. Proust et moi-même avons eu l'honneur de soumettre alors à nos collègues. J'espère que l'Académie en aura gardé meilleure mémoire.

Je ne m'attarderai donc pas à rectifier les détails. Je suis d'accord avec M. Josias que l'ancien lazaret qui est situé dans l'île de Ratoneau et qui constitue l'hôpital du lazaret actuel est dans un état déplorable. Aussi sa réfection a-t-elle toujours formé l'article premier de nos projets de réforme du Frioul. Et cela admis, il est sans doute inutile de faire remarquer, avec le nouveau directeur de la santé à Marseille, que l'on a tort de déclarer qu'il n'y a aucune cheminée à l'hôpital de Ratoneau, alors que, des cinq pavillons qui le composent, un seul est dépourvu de cheminées, ou de demander pourquoi l'on affirme qu'il n'y a pas de water-closet alors qu'il en existe quatorze. Ce qui est plus important, et qu'il faut que l'Académie sache, c'est que cet hôpital, depuis six ans, a reçu 37 malades, dont 29 en 1901, les huit autres étant ainsi répartis : aucun en 1898, 1 en 1899, 3 en 1900, 2 en 1902, 2 en 1903. Le nombre total des journées d'hôpital, pendant ces six ans, a été de 887, dont 247 en automne, 14 en hiver, 8 au printemps, — et 618 en été, ce qui permet d'espérer que les malades n'auront pas trop souffert de ce qu'un des pavillons sur cinq est chauffé par des poëles, et non par des cheminées. Il ne faut donc pas assombrir outre mesure le tableau, ni donner une impression inexacte sur l'importance pratique de cet établissement. Sans doute des dépenses devront y être faites pour qu'il soit mieux en état de recueillir et de soigner des malades, mais ces dépenses devront ne pas être en trop grande disproportion avec son utilité, laquelle jusqu'ici, au point de vue du nombre de ses hospitalisés, a été minime. Il ne semble pas d'ailleurs que les résultats qu'il a donnés soient mauvais :

(1) Rapport de M. Josias, *Bulletin de l'Académie*, page 486.
(2) *Ibid.*

des 37 malades qu'il a reçus, 1 atteint de fièvre jaune et 36 atteints de peste, 29 en sont sortis guéris. Lors donc que l'on signale, à juste raison, l'état défectueux de l'hôpital de Ratoneau, il est équitable d'indiquer à quel nombre restreint de malades est limité son emploi et d'ajouter que, même dans les conditions inférieures où il fonctionne, il a pu encore rendre des services.

A la suite d'une plainte de M. le Dr Teissier, devant le malheur duquel je m'incline avec sympathie et respect, M. le président du Conseil m'envoya à Marseille pour constater par moi-même la situation. A la suite de ma visite, et de mon minutieux examen, j'adressai à M. le président un rapport que celui-ci communiqua au Comité consultatif d'hygiène publique de France, lequel est son conseil permanent en matière d'administration sanitaire. Je montrai dans ce rapport, sans aucune atténuation — c'est mon système: je l'ai appliqué à maintes affaires sans l'avoir jamais regretté; je suis convaincu qu'en administration le moyen de progresser n'est pas de cacher le mal, mais de le confesser, de l'étaler, de le crier sur les toits; c'est dans ces conditions d'entière franchise qu'il y a deux ans je me suis expliqué devant l'Académie — je montrai donc les lacunes, les défectuosités du service et je proposai certaines réformes. Le Comité consultatif est actuellement encore saisi de l'étude de quelques-unes de mes propositions. Si aucune d'elles n'a pu jusqu'ici être réalisée, c'est que jusqu'ici nous avons manqué d'argent. J'espère que nous n'allons plus en manquer, et ceci m'amène à l'objet principal de ma communication.

Ce qui a rendu si difficile et si longue l'appropriation du Frioul, c'est l'insuffisance des crédits ordinaires. Surtout depuis que la lutte contre la peste a été l'occasion de dépenses d'un genre tout nouveau et qui ont pris ces derniers temps un caractère de permanence, l'administration était obligée de demander chaque année un crédit supplémentaire important, qu'elle obtenait péniblement, tardivement, partiellement. De ce crédit elle ne pouvait rien employer pour des réfections ou de grosses réparations, puisqu'il était à peine suffisant pour les besoins immédiats de la lutte quotidienne. Cette situation précaire va changer en 1904.

A partir de cette année, ainsi qu'on l'a fait remarquer au Sénat, mardi dernier, on a incorporé au budget normal, sinon la totalité de l'augmentation qui nous paraissait utile, du moins une augmentation suffisante pour que nous puissions pourvoir désormais aux nécessités de l'entretien des bâtiments.

Restent les grands travaux que l'administration réclame depuis nombre d'années et dont l'Académie de médecine, il y a deux ans, a signalé l'urgence. Pour ceux-là nous sommes enfin autorisés à préparer un projet de loi spécial, impliquant un programme qui devra être approuvé par les Chambres. Vous pouvez penser, mes chers collègues, que nous ne perdrons pas de temps à présenter ce programme, dont les parties essentielles sont arrêtées depuis des années.

Les Chambres trouveront sans doute une raison pour adopter notre projet dans le fait que notre collègue, M. Debove, a déjà si heureusement signalé à l'Académie, à savoir qu'actuellement les services de protection de la santé publique rapportent à l'État plus qu'ils ne lui coûtent. De 1873 à 1902, en trente ans, le Trésor a réalisé sur l'ensemble des services sanitaires un bénéfice net de près de 23 millions (1).

A quelque chose malheur est bon. Il est une considération qui est de nature à nous consoler un peu du retard qu'ont subi ces travaux, puisqu'aussi bien ce retard n'a pas eu d'effet calamiteux, et a seulement — ce que nous regrettons d'ailleurs — causé des désagréments pendant un petit nombre de jours à un petit nombre de personnes. Les travaux que nous ferons faire au Frioul ne seront pas exactement ceux que nous aurions fait faire avant la Conférence sanitaire qui vient de se terminer à Paris. Celle-ci a apporté à la Convention de Venise, qui nous gouvernait jusqu'ici, des modifications importantes.

La Convention de Venise imposait aux passagers des navires infectés de peste une observation, c'est-à-dire que ces passagers devaient être retenus; la Convention de Paris donne à l'autorité sanitaire la faculté de substituer à l'observation la surveillance, laquelle ne comporte pas le séjour au lazaret. D'après la Convention de Venise, cette observation obligatoire avait une durée maxima de dix jours; d'après la Convention de Paris, cette observation ne devra pas dépasser cinq jours ; d'où la conséquence que le lazaret, déjà si peu utilisé, le sera dorénavant moins encore. Pour les navires infectés de peste,

---

(1) 22.766.651 fr. 87.

la Convention de Venise rendait la désinfection obligatoire; la Convention de Paris l'a rendue facultative: « le linge sale, dit-elle, les effets à usage, les objets de l'équipage et des passagers qui, *de l'avis de l'autorité sanitaire,* sont considérés comme contaminés seront désinfectés » (art. 21, 4°).

Tous ces tempéraments, toutes ces atténuations, sont autant d'étapes sur la route où les nations jadis quarantenaires se sont engagées sous l'impulsion de la France, et dont le dernier terme doit être la suppression de toutes les entraves mises aux libres mouvements des voyageurs et aux libres transactions du commerce. Ce but suprême ne sera atteint chez nous que le jour où, par l'application de la loi de 1902, nous aurons réalisé l'assaïnissement général de notre pays. Mais, pour apprécier cette œuvre, il faudrait prendre la question de haut et dans son ensemble, connaître notre règlement de 1896, connaître l'historique des conférences sanitaires internationales : cela nous entraînerait bien au delà et au-dessus du débat présent. De ce débat, l'objet principal paraît être d'assurer un peu plus de confort aux rares pensionnaires du Frioul, objet qui emprunte sans doute un caractère scientifique à l'aphorisme formulé en ces termes par M. le rapporteur; « Toute amélioration hygiénique est impossible sans un certain confort »(1). Eh bien! ce confort qui apparaît, en effet, comme désirable, nous espérons que grâce à l'augmentation de crédit qui nous a été accordée, grâce aux travaux dont nous soumettrons incessamment le projet aux Chambres, il sera possible de le procurer.

Au moins sera-t-il possible d'atténuer quelques-unes des incommodités actuelles. Car il ne faut pas se le dissimuler, quelles que soient les sommes dépensées, il y aura des difficultés, de grosses difficultés, qui subsisteront, parce qu'elles sont inhérentes à la nature des choses.

J'ai montré à l'Académie, il y a deux ans, que ce qui n'est pas employé, ou ne l'est que de loin en loin, se détériore nécessairement. Or, c'est la fatalité des installations du Frioul. Au cours des douze dernières années, le lazaret a été utilisé pendant 104 jours; ce n'est pas en moyenne 9 jours par an. Il y a quatre années où il n'a pas servi un seul jour. C'est une entreprise des plus laborieuses, presque irréali-

(1) *Bulletin de l'Académie*, page 485.

sable, parce qu'elle entraînerait des dépenses hors de toute proportion avec le résultat cherché, que d'organiser un grand établissement qui n'est utilisé que quelques jours chaque année, sans aucune périodicité, sans prévision possible des temps où il sera nécessaire, et de l'organiser dans des conditions telles qu'au point de vue du personnel comme au point de vue du matériel il se trouve toujours en parfait état d'entretien. On a reproché aux bâtiments du Frioul d'être trop vastes (1). Eh! c'est toujours la même chose. Ils sont trop grands ou ils sont trop petits. Ils sont infiniment trop grands pendant une année, pendant une série d'années peut-être ; actuellement, ils semblent trop grands ; ils ont été trop grands en 1903 où, n'ayant recueilli que 50 personnes (au lazaret 48 passagers, à l'hôpital 2 malades qui ont guéri) ils sont restés inutilisés pendant 349 jours; ils ont été trop grands en 1902 où ils ont reçu à l'hôpital de Ratoneau également 2 malades qui ont également guéri, au lazaret 44 personnes, et ont en tout servi 5 jours. Mais qu'arrivent tout à coup les 317 personnes débarquées du *Laos* en 1901, et ces bâtiments trop grands vont se trouver trop petits; le personnel va se trouver trop faible en nombre et de toute manière inférieur à sa tâche ; la lingerie, d'ordinaire débordante, sera vidée en un clin d'œil; tout semblera insuffisant. Cela durera cinq jours, six jours, dix jours au plus ; puis de nouveau, et pour de longs mois, le lazaret retournera à son inutilité ; de nouveau les armoires regorgeront, et les provisions se perdront faute d'emploi.

Il faut bien envisager cette situation pour se rendre compte des difficultés spéciales qu'elle comporte. Ces difficultés ne sont certainement pas insurmontables. A la suite de mon voyage au Frioul, j'ai demandé que le Comité consultatif fût chargé d'examiner si elles ne pourraient pas être atténuées en mettant au service des passagers en observation le personnel du bord. M. Proust avait préparé à ce sujet un rapport dont les conclusions vont être soumises au Comité : devant lui, l'étude des « questions d'ordre administratif de nature très délicate » (2) sera tout à fait à sa place.

L'administration ne peut être que satisfaite que l'Académie donne

(1) « On a fait au Frioul des bâtiments trop vastes, qui ne serviront probablement jamais tous ». Dr Alcide Treille, séance du Sénat du 22 décembre 1903.

(2) « Nous soulevons des questions d'ordre administratif de nature très délicate. » Rapport de M. Josias, *Bulletin de l'Académie*, p. 493.

une fois de plus, son assentiment à ses projets, car certainement sa besogne en sera facilitée.

Dans une affaire où tant d'intérêts, d'ordre si divers, sont en jeu, elle accueillera tous les conseils des hommes de bonne volonté. A plus forte raison, le gouvernement tiendra-t-il toujours le plus grand compte des avis qui lui viendront de cette savante Assemblée, soit qu'il les ait provoqués suivant la loi d'institution de l'Académie (2), soit que, dans son zèle pour le bien public, l'Académie ait bien voulu prendre l'initiative de les lui donner.

Permettez-moi, Messieurs, de renouveler en terminant une observation que j'ai déjà produite devant vous il y a deux ans, et qui me paraît encore de saison. Certes, l'opinion générale en France sera satisfaite d'apprendre que les rares pensionnaires du Frioul, que les malades, bien plus rares encore, qui sont recueillis à l'hopital de Ratoneau trouvent dans ces maisons, durant les quelques jours qu'ils y passent, les installations et le service les moins incommodes possibles. Mais elle n'oublie pas que là n'est pas l'objet même du lazaret. Ce qui la préoccupe par dessus tout, à bien juste titre, c'est que le choléra et la peste ne pénètrent pas en France, que, si quelques cas suspects se présentent, le mal soit immédiatement étouffé. Dans l'accomplissement de cette tâche, la plus importante, la seule véritablement grave, l'administration sanitaire de nos ports, et spécialement la direction de la santé de Marseille, ont mérité la reconnaissance publique. Sans doute l'opinion ne la leur marchandera pas lorsqu'elle saura que depuis 1896 le nombre des navires qui, *venant de ports contaminés de peste,* sont entrés dans les ports français a presque atteint le chiffre de trois mille (2.927 (1) dont 1.884 dans le port de Marseille).

Je répète que j'adhère volontiers aux conclusions qui nous sont proposées.

---

(2) Ordonnance du 20 décembre 1820, article 2 : « Cette Académie sera spécialement instituée pour répondre aux demandes du gouvernement sur tout ce qui intéresse la santé publique. »

(1)

Année	Navires
1896	11
1897	80
1898	209
1899	368
1900	655
1901	568
1902	463
1903	573
	2. 927

MELUN. IMPRIMERIE ADMINISTRATIVE. — M 222 U

MELUN
Imprimie administrative
1904

www.ingramcontent.com/pod-product-compliance
Ingram Content Group UK Ltd.
Pitfield, Milton Keynes, MK11 3LW, UK
UKHW021027220726
13924UKWH00001B/161